Lk 7 90.2

CHRONIQUE

sur la

CHAPELLE S^T·GILLES

DE BELLÊME,

ET SES CHAPELAINS,

par

LE Dr JOUSSET,

Médecin de l'Hôpital de Bellême, etc.

MORTAGNE,
IMPRIMERIES LONCIN ET DAUPELEY,
RUE D'ALENÇON, 5.

1854

À
RÉVÉRENDE DAME FOUTOT

EN RELIGION

SŒUR ANGÉLIQUE,

Supérieure des Sœurs de Saint-Vincent-de-Paul, de Bellême

RESPECTUEUX HOMMAGE DE L'AUTEUR.

CHRONIQUE

SUR LA

CHAPELLE SAINT-GILLES

DE BELLÊME

ET SES CHAPELAINS.

Après cinq années de solitude, la chapelle Saint-Gilles de Bellême vient d'être rendue au culte ; les âmes pieuses s'en réjouissent : les pauvres, une nouvelle fois pourront fléchir le genou sur sa dalle silencieuse, adresser leurs adorations au Dieu de l'univers, lui demander la guérison pour les infirmités du corps, le calme pour leurs souffrances du cœur, recevoir le prix de leur foi suivant la promesse évangélique :

« Bienheureux sont ceux qui souffrent, car le royaume des cieux est à eux. »

Les pieuses sœurs de charité vont retrouver, chez elles, les habitudes de prière qui les fortifient dans l'accomplissement de leurs austères devoirs ; elles vont reprendre aux pieds de leur autel privilégié ces forces surnaturelles qui sont si nécessaires quand il est question de produire ces miracles de bienfaisance que nous voyons si familiers entre leurs mains. Leur parler aujourd'hui de leur sainte chapelle, de son origine, de ses vicissitudes, des chapelains qui ont été les interprètes de la prière, a donc quelque opportunité; et si ce simple récit réjouit leur vaillant cœur et leur est agréable, ces recherches et ces efforts de l'histoire auront bien mérité à nos yeux.

La chapelle Saint-Gilles de Bellême, destinée aux besoins de l'hôpital auquel elle est maintenant annexée par un vestibule dont l'emplacement était jadis une ruelle de séparation, est petite mais décente; elle a un autel en marbre noir de bonne coupe, le centre de cet autel est occupé par une croix en marbre blanc et de forme dite de Malte.

Ce devant d'autel a une bordure à deux couleurs.

Au-dessus est compris entre deux colonnes plates, cannelées, surmontées du chapiteau corinthien, un tableau qui n'est pas sans mérite et représentant l'Annonciation de la Sainte-Vierge.

A droite et à gauche de l'autel, deux saints de grandeur presque naturelle, bien établis et assez disgracieusement badigeonnés de noir; chaque saint entouré de deux colonnes cannelées avec chapiteau corinthien. L'ensemble de cette décoration d'autel est orné de festons, de fleurs et d'autres détails d'architecture.

Le saint de droite est saint Marcou, dont

la commémoration se fait le premier mai ; il vivait au vi[e] siècle, était originaire de Bayeux, appartenait à une famille noble et riche, il fut fait abbé de Nanteuil au diocèse de Coutance. On réclamait son assistance principalement contre la maladie scrofuleuse dite les écrouelles. C'est à ce temps que l'on rapporte l'origine du privilége qu'ont nos rois de toucher ceux qui sont attaqués de cette maladie ; aussi après leur sacre font-ils par eux-mêmes ou par leurs aumôniers une neuvaine à Saint-Marcou de Corbigny, en reconnaissance de la grâce qui leur a été communiquée par l'intercession du saint.

Saint Marcou est représenté tenant de la main gauche la crosse abbatiale et imposant la main droite sur la tête d'un jeune enfant qui l'implore.

L'autre saint, parallèle, à gauche, est saint Gilles ; la fête en est célébrée le premier septembre. Agidius, Athénien, était de noble race et vivait au viie siècle, il quitta de bonne heure la Grèce pour vivre dans plusieurs lieux solitaires de la Gaule méridionale, ses reliques sont déposées dans l'église abbatiale de Saint-Sernin de Toulouse. On lit dans l'histoire de sa vie qu'il fut nourri pendant quelque temps par le lait d'une biche de la forêt, et que Flavius (peut-être Wemba), chef des Goths, poursuivant cette bête à la chasse elle alla se réfugier auprès du saint, qui ainsi fut découvert. Plusieurs miracles opérés par l'intercession du saint ermite le firent bientôt connaître par toute la France. Saint Gilles est patron d'un grand nombre d'églises, de monastères de France et autres royaumes; il est représenté sa fidèle biche près de lui, dans l'attitude de caresse quand on se revoit, crosse abbatiale à la main droite et tendant la main gauche.

En dehors de ces deux saints et de l'ornementation de l'autel, comme en hors-d'œuvre, sont placées deux petites statues, à droite celle de saint Fiacre, en costume de diacre, la bêche en main et lisant l'Evangile, à gauche saint Julien du Mans, en costume d'évêque et donnant la bénédiction; en général tout cet ensemble plaît à l'œil.

Les murailles sont ornées de quelques tableaux et d'un Chemin de la Croix. Nous indiquons à droite une Sainte-Thérèse dans une attitude extatique; Jésus et la Samaritaine près du puits parabolique, une Fuite en Egypte, et enfin un Saint-Vincent-de-Paul avec cette bonne figure qui le caractérise, si connue de tous, comme celle de Henri IV, dont la mémoire est encore vivante.

A gauche, mal placée dans un faux jour et en dehors de la portée des yeux, une Sainte-Cécile qui est le meilleur tableau de la chapelle sous le point de vue de l'art.

A gauche est aussi une chaire d'où retentit quelquefois la parole chrétienne.

Au fond de la chapelle est une tribune pour recevoir les hommes malades au sortir de leurs salles.

Cette tribune est utile, sans doute, mais

lourde, massive et d'un effet désagréable à l'œil.

Un badigeon jaune, avec des lignes noires comme dans un corridor d'auberge, dépare la chapelle; il faut espérer que prochainement on le remplacera par une teinte uniforme plus convenable pour une chapelle.

Au sol, l'œil s'arrête sur deux tables tumulaires; celle de gauche en pierre et dont l'inscription est complètement effacée, recouvre la sépulture de Charles Defontenay, bienfaiteur de la chapelle.

Il est regrettable qu'une main amie, celle de la famille ou celle de la reconnaissance, ne répare pas l'insulte du temps et ne réveille pas de l'oubli un homme qui a été généreux et auquel la chapelle a dû ses somptuosités d'autrefois.

L'autre table, au milieu de la chapelle, est en marbre noir et porte l'inscription suivante :

« Ci-gît frère Louis-Charles Lepellerin-de-Gauville, chevalier de l'ordre militaire de Saint-Jean-de-Jérusalem, commandeur de Troyes, en Champagne, recommandable par sa piété, sa charité et bienfaiteur de cette chapelle; décédé en cette ville, l'an 1706, 26 janvier. »

Aucune de nos recherches, même celles faites auprès de la famille de Gauville, n'ont pu nous faire découvrir en quoi se recommandait ce personnage resté si obscur, et de l'existence duquel on ne trouve pas même de trace. Faire le bien et tomber dans un oubli

si profond, à la distance d'un siècle et demi!...
Vanité des vanités!

C'est sur ce froid marbre qu'est présenté une dernière fois le chrétien qui, victime de la maladie, reçoit la dernière prière de l'église; c'est là qu'il reçoit le dernier adieu de ses camarades qui sont destinés par la Providence à rentrer dans la société et à supporter encore une fois le poids de la misère, le fardeau de la famille; c'est là que vient faire sa provision de courage et de résignation celui qui, aussi malheureux, ne tardera pas à le suivre en cette couche où trouve le repos l'homme dont les forces sont épuisées par les travaux de la vie; là il écoute la dernière parole du prêtre pour celui qui a souffert tant de misère et de douleur. « Une voix d'en haut fut entendue qui disait:

« Bienheureux sont les morts! »

La chapelle, extérieurement, ne se recommande point, et rien ne distingue sa façade d'une maison bourgeoise. Quand en 1791, elle menaçait ruine, l'architecte eut le mauvais goût de la reconstruire sans caractère religieux, la muraille faisant exactement le pendant de la portion droite de l'hôpital, portion qui elle-même venait d'être reconstruite pour faire une maison d'école, et qui conservait cette destination.

Rien n'indiquerait à l'œil de l'étranger le caractère religieux et charitable de l'établissement, s'il n'était trahi par la présence d'un clocheton où fonctionne encore une vieille horloge, débris de l'ancienne ville.

Cette chapelle Saint-Gilles existait avant Louis XIV, et servait d'oratoire pour le collége de Bellême, dont les bâtiments étaient attenants par derrière, là où existent maintenant la pharmacie, le réfectoire de la communauté et la cuisine générale. En 1688, la chapelle était desservie par le sieur Moinot, prêtre et principal du collége; son prédécesseur, aussi prêtre, était mort curé de Nocé. En cette année 1688, Moinot échangea son collége avec l'ancien établissement hospitalier de la rue du Cimetière, dite rue Saint-Pierre.

La religion s'est toujours empressée de fournir ses consolations au pauvre comme au riche; à celui qui a le plus besoin, conséquemment à celui qui souffre. Elle a toujours rempli avec dévouement cette mission considérable; on voit souvent des malades heureux une journée et plus des paroles encourageantes du prêtre, des sœurs de charité qui rivalisent à donner des exemples de tous les courages. La charité et la science conspirent et accomplissent des miracles de compassion et de soulagement. L'administration de l'Hôtel-Dieu, en prenant possession de son nouveau local, maintint sa chapelle. Lorsque l'hôpital était placé dans la rue actuelle du Cimetière, près l'église Saint-Pierre, les secours religieux étaient administrés par le clergé de la paroisse; cet état de choses continua parce que le peu de ressources de la maison ne lui permit pas de faire les frais de l'établissement d'un chapelain. Au milieu du siècle suivant, la générosité du sieur Clément

Jouanne, curé de Serigny, contribua à cet établissement par une cession d'un fonds de rente se montant à cent cinquante livres ; à cette faveur Jouanne imposait quelques charges, ainsi, le chapelain était tenu les dimanches et fêtes d'assister aux offices de Serigny et de remplacer le curé et ses deux vicaires en cas d'absence.

Remarquons en passant l'abondance de secours religieux pour une seule petite paroisse. Il faut en convenir, qui se damnait le voulait bien ; car jamais le fidèle n'a été plus entouré de protection chrétienne.

L'administration compléta le traitement de trois cents livres de son chapelain, et de plus fit l'acquisition pour lui, à un sieur de la Tuaudière, d'une maison située près l'hôpital, actuellement rue du Cimetière, n° 7. La construction de cette maison atteste l'antiquité de son origine.

Avant la révolution la chapelle était riche en ornements sacerdotaux, en vases sacrés, présents de la piété des fidèles, dont elle fut alors dépouillée ; le mobilier était recueilli dans une sacristie décente qui subsiste encore. La meilleure partie de cette richesse provenait de la générosité de Charles Defontenay, prêtre, prieur de Courboyer, curé de Saint-Martin et inhumé dans cette chapelle. Sa tombe est-elle représentée exactement par la table en pierre noire usée, placée à gauche de celle de Gauville ? C'est très probable, car d'après nos recherches, aucune autre inhumation n'a été faite dans la chapelle.

Par le testament de Charles Defontenay, ses meubles et effets avaient été donnés à l'hôpital.

Moins riche aujourd'hui en vases sacrés, en ornements, la chapelle se fait remarquer par le luxe de la propreté, l'éclat des fleurs qui la décorent les jours de fête.

Les revenus de la chapelle, en plus de ce qui était fourni par l'administration pour les besoins du Culte, consistaient jadis en quêtes, évangiles, offrandes, locations de chaises.

En 1767 on annexa à la chapelle un cimetière séparé du cimetière commun; l'emplacement choisi fut un ancien cimetière des protestants joignant le cimetière Saint-Pierre encore subsistant. Aujourd'hui cet emplacement appartient à la fabrique de l'église paroissiale, qui le loue aux particuliers; il est converti en jardins et en usages divers.

La chapelle a ses jours de fête : le 19 juillet on y célèbre avec grande pompe saint Vincent-de-Paul, un des plus grands Saints de l'Eglise catholique, la charité faite homme. Ce héros, né berger à Ranquines (Landes), auquel Dieu accorda le privilége d'une longue vie (84 ans), pour qu'il eût le temps d'adoucir toutes les misères de son époque (elles étaient immenses, les ravages de rois armés les uns contre les autres achevant de détruire ce qu'avaient épargnés d'autres fléaux), put répartir plus de vingt millions d'aumônes en Champagne, en Picardie, en Lorraine, en Artois, où les habitants mouraient de faim par villages entiers. Les cadavres épars infectaient nos campagnes de maladies contagieuses, jusqu'au moment où cet homme obscur se chargea de payer les frais de leur sépulture. Sa généreuse commisération se répandait sur tous les genres de malheurs dont l'espèce humaine est accablée.

Nous ne pouvons omettre de citer le passage suivant, qui contient un juste éloge de saint Vincent-de-Paul :

« De combien d'hommes, de provinces, de royaumes, saint Vincent-de-Paul, un simple chrétien auquel on ne fait pas assez attention, ne fut-il pas l'assureur ? Qui ne sait les services qu'il rendit à la Pologne et à la France ? Qui ne sait qu'en Irlande il déconcerta la tyrannie de Cromwel ? La lâcheté publique et l'adulation des courtisans appelèrent Cromwel un *Protecteur;* mais la naïve candeur des peuples appelle Vincent-de-Paul un *Saint.* Oh ! que ce qui touche au ciel est pur (1) ! »

Le premier septembre, jour de Saint-Gilles, la foule se presse de nouveau à cet autre rendez-vous ; elle demande à Dieu pour les uns la prolongation de la santé dont ils jouissent, pour les autres le soulagement de la maladie ou la force de la supporter, car la patience avec laquelle le malheur est subi, constitue un titre devant Dieu. Le Seigneur a tendu la main au Lazare de l'Evangile et l'a fait reposer dans le sein d'Abraham :

(1) Abbé Th. Mitraud, *De la Nature des Sociétés humaines.*

« Réjouissez-vous, dit le livre Saint, et tressaillez de joie, parce qu'une grande récompense vous sera réservée dans les cieux. »

Si dans l'ancien régime la chapelle Saint-Gilles avait ses revenus, elle avait ses charges aussi. Les charges principales consistaient en messes, dites de *fondation,* comme on en faisait beaucoup alors. Ainsi: obligations de messes les dimanches, lundis, mardis pour les fondateurs et bienfaiteurs de l'hôpital ; les mercredis messe de fondation pour M. Delainville, les vendredis pour demoiselle Brisard, les samedis pour M. Jean Du Tertre ; « pauvre prêtre, natif de Saint-Sauveur, dans l'église duquel il fut enterré, au côté gauche de la grande porte, en odeur de sainteté, ayant mené une vie exemplaire et très édifiante, séparé et fuyant le commerce du monde, ne s'entretenant que de Dieu, couchant sur la dure l'hiver et l'été (1). »

Les sommes versées pour ces fondations se montaient à vingt-six livres par an seulement, c'était dix sols par semaine pour chaque messe.

Les grandes messes étaient payées sur un tarif aussi humble, dix livres.

Au siècle dernier, depuis la fondation de Jouanne, curé de Serigny, furent successivement chapelains de Saint-Gilles :

Guillin ;
Louis Mousset ;
Hippolyte-Marie Berthereau ;
Louis-François-Charles Duportail ;

(1) Manuscrit de Billard de la Hellière.

Jacques-Pierre Guillin, ancien curé de Saint-Martin-du-Vieux-Bellême ;

Jean-René Chartier, depuis 1780 jusqu'à la révolution.

Le chapelain était désigné par les administrateurs à Monseigneur l'Evêque de Séez, qui faisait la nomination et conservait sur la chapelle sa haute juridiction ainsi que sur le reste de l'hôpital. Tous les réglements devaient être soumis à son approbation.

A quelques chapelains sont attachés quelques faits d'histoire qui ne peuvent être passés sous silence.

Au mois de septembre 1755, en plein XVIIIe siècle, siècle de la philosophie et du voltairianisme, se passa un événement qui aurait été vu comme très naturel dans les temps anciens, mais qui alors devait être considéré comme fort étrange. Nous en donnons les détails dont nous retranchons peu, et auxquels nous n'ajouterons pas d'observations ; ils portent leurs commentaires avec eux. Nous plaçons cette histoire ici, le héros principal fut le chapelain de l'hôpital, c'est donc le lieu d'en parler ; nous la donnons parce que le fait arrivé à cent ans seulement de distance de nous fait contraste avec nos mœurs.

« 26 décembre 1755, délibération sur la proposition qui a été faite qu'il est nécessaire de nommer un *homme de foi* pour desservir le seigneur du fief et hommage de la Gastine, paroisse de Bellou, près Regmalard, relevant du sieur De Villeray, auquel il y a ouverture par décès de Charles Soulière, sieur de la Bausonnière, représenté aujourd'hui par ledit Hôtel-Dieu, à cause du testament fait au profit de l'Hôtel-Dieu, en partie par demoiselle Marie Soulière, nièce dudit Charles, accepté par les habitants de cette ville en ce bureau ; les administrateurs ont nommé pour homme vivant et mouvant dudit fief de la Gastine, M. Louis Mousset, prêtre-chapelain dudit Hôtel-Dieu, pour faire et porter la foi et hommage dudit fief de la Gastine, payer les droits dûs tant audit seigneur que pour le coût dudit acte, promettant d'avoir pour agréable ce que ledit sieur Mousset fera et qu'il lui en sera tenu compte par le receveur en charge sur les mandats qui en seront délivrés. »

Voici en quoi consistaient les foi et hommage : malgré l'hérédité des fiefs, la mort de chaque vassal amenait le renouvellement de cette cérémonie ; il fallait renouer le lien féodal entre le suzerain et le nouveau vassal.

La coutume du grand Perche, article 31, s'exprime ainsi :

« Foi et hommage et rachats de fiefs sont deubs en toutes mutations de vassal propriétaire du fief, par mort ou autrement, etc. »

Le nouveau vassal avait assez ordinairement l'espace d'une année pour remplir les devoirs à l'égard du suzerain ; mais dans le Perche le délai n'était que de quarante jours, à l'expiration desquels le suzerain pouvait confisquer le fief si l'obligation n'était pas remplie.

L'hommage se pratiquait suivant la coutume de notre pays, article 35 :

« Ledit nouvel détenteur se doit dedans lesdits quarante jours transporter au lieu du fief dominant, et illec; estant nue teste, ayant laissé ses armes, appeler son seigneur à haute voix par trois et diverses fois, le semondre et interpeller de le recevoir à foy et hommage, etc. »

Arrivé devant son seigneur, le vassal après l'avoir humblement salué, se mettait à genoux, sans armes, sans éperons et la tête nue, joignait ensuite les mains que le suzerain prenait entre les siennes, ce qui signifiait de la part de l'un sujétion et respect, et de la part de l'autre protection et défense ; le vassal dans cette posture prononçait la formule de l'hommage conçue en ces termes :

« Je deviens votre homme à partir de ce jour, en avant de vie et de membre, et vous porterai foi et tènemens (terre) que je clame tenir de vous. »

L'hommage était suivi du serment de fidélité dont voici la formule et le cérémonial ; le vassal debout, la main étendue sur le livre des Evangiles, prononçait les paroles suivantes :

« Je vous serai vrai et fidèle vassal, et vous porterai foy pour les terres que je tiens de vous, sauf le respect et la foy que je dois au Roy notre seigneur, et à ses héritiers. »

Il baisait ensuite le livre sacré, après quoi le suzerain donnait au vassal l'investiture du fief, en lui remettant un symbole convenu, tel qu'une branche d'arbre, une poignée de terre ou une motte de gazon. Cette cérémonie achevée, et le plus souvent après l'hommage, le suzerain baisait le vassal, pour marque de l'engagement réciproque qu'ils contractaient l'un l'autre de se secourir mutuellement, sous peine par celui qui manquerait à ses devoirs, de perdre ses droits ou son fief.

Duportail, Louis-François-Charles, sieur de la Binardière, escuyer, prêtre, vicaire du Pin-la-Garenne, chapelain de Saint-Gilles, pourvu en 1773 du bénéfice du Ham, diocèse du Mans, dont il fut curé, obtint le premier d'être dispensé d'aller aux offices de Serigny, déjà pourvu de trois prêtres. Son traitement fut porté de 300 livres à 400. La fin de cet ecclésiastique fut des plus tragiques. Pendant la révolution, privé de son bénéfice, il se réfugia à Bellême, au sein de sa famille dont les descendants vivent encore; là, dans une émeute populaire, il fut assassiné par un ouvrier dont il avait été le bienfaiteur, sa tête tranchée fut hissée au bout d'une pique et promenée dans les rues de Bellême, à la grande consternation des habitants.

Grace à des renseignements qui nous sont donnés et à une publication de M. Léon de la Sicotière, avocat à Alençon, nous pouvons transmettre sur ce crime les détails suivants:

« En 1792, on venait d'apprendre l'invasion du territoire par l'armée prussienne, et sur tous les points de la France l'autorité provoquait les enrôlements pour repousser l'étranger; ceux qui préféraient rester dans leurs foyers faisaient des dons patriotiques et contribuaient ainsi à la défense du pays. Une réunion des citoyens de la ville fut convoquée dans ce but le dimanche 19 août; à midi l'assemblée se sépara et fut renvoyée à quatre heures : à cette époque, les malheureux ecclésiastiques qui avaient refusé de prêter serment à la Constitution de 1790 et qui n'avaient pas émigré ou ne s'étaient pas dérobés aux regards populaires, couraient quelque danger. Bellême renfermait l'un de ces prêtres, Duportail de la Binardière, qui plutôt que de prêter un serment qui blessait sa conscience, était venu vivre avec sa vieille mère dans notre cité. L'assemblée, convoquée à grand bruit, avait attiré un grand nombre de gens de toute espèce, les uns honnêtes, les autres amateurs du désordre et du bruit. Dans l'intervalle des deux séances, le plus grand nombre se retira dans les cabarets d'alentour, et là, échauffés par les boissons alcooliques et par les prédications furibondes de quelques meneurs, certains de ces hommes conçoivent le projet de faire une justice exemplaire du rebelle à la loi ; ils s'avancent donc vers la maison du pauvre prêtre, et la trouvant fermée, ils brisent la porte, les fenêtres et détruisent tout ce qu'ils ne pillent pas. Mais la victime désignée ne se trouve pas encore, on la cherche toujours, elle s'était cachée dans une cheminée; on allume du feu, et la flamme et la fumée la forcent bientôt d'en tomber. Alors commence une scène atroce : les misérables, maîtres de M. Duportail, l'entraînent sur la place publique, malgré les pleurs et les supplications de sa vieille mère. Ils veulent le forcer à prêter serment sous menace de mort; un noble refus leur répond. L'arrêt est donc exécuté, et la tête de leur victime est promenée triomphalement au milieu de la ville qu'elle consterne. Ce qu'il y a de plus horrible dans ce drame, c'est que M. Duportail fut livré à ses assassins par un ouvrier tailleur, son propre filleul, pour un écu de six livres. Pour terminer une journée si tristement commencée, les assassins allèrent piller cinq ou six maisons d'aristocrates, et tout fut dit. Cet assassinat fut à peu près le seul crime commis dans Bellême à cette époque. Les administrateurs de l'hôpital sauvèrent les vénérables sœurs hospitalières de toute poursuite en déclarant à l'autorité que ces saintes filles s'étaient soumises à ce qu'on leur avait demandé; il s'agissait encore du serment. Cette réponse était bien un peu équivoque, la reconnaissance des malades dut l'absoudre. »

En 1837, nous avons vu s'éteindre au milieu de nous, plein d'années et de vertus, au sein d'une famille dont plusieurs membres existent encore, Jean-René Chartier, ancien chapelain de Saint-Gilles depuis 1780 jusqu'en 1792. C'est de son temps, année 1791, que la chapelle tombant de vétusté fut reconstruite telle qu'elle est maintenant. La bénédiction de la nouvelle chapelle se fit le 13 mai 1791 par Alexandre Coureuil, prêtre, curé de la paroisse de Saint-Sauveur de Bel-

lême, doyen du doyenné de Bellême, commissaire de piété par Monseigneur illustrissime et révérendissime évêque de Séez; ce fut un jour de fête et de grande joie, de *Te Deum*, d'espérance pour l'avenir. Il y eut en ce jour bien des grâces demandées au ciel, les cœurs déjà froissés s'ouvrirent à l'espoir de temps plus sereins. Hélas! vanité de nos joies et de nos désirs! toutes choses ont leur temps et tout passe sous le soleil après le terme qui lui a été prescrit: le pieux chapelain, menacé dans son existence par les désordres de la révolution gagnait la terre d'exil peu de temps après. Il se refugiait en Angleterre, où il connut le malheur et les privations; à son retour en France il desservit au commencement de ce siècle pendant plusieurs années la paroisse de Serigny, jusqu'au moment où son grand âge lui commanda la retraite.

Chartier avait été remplacé en 1792 par un sieur Léger, curé de Gémage, prêtre constitutionnel, nommé et installé, non plus par l'évêque de Séez, mais en conseil général de la commune où siégeaient les citoyens Petibon, Mousset, Chartier, Rebours, Bry, Delarocque, Paty-Goislard, Chevalier, Bachelier, Paty-Larcher. La république n'enrichissant personne, le traitement de Léger fut réduit de 400 livres à 300. Il est vrai qu'il recevait 40 livres d'indemnité pour desservir Serigny, dont la paroisse avait été supprimée et réunie à celle de Saint-Sauveur, devenue seule paroisse de Bellême.

Le chapelain constitutionnel resta peu de

temps, et dès l'année suivante le lieu saint fut fermé et converti en profane magasin.

Les chapelains successifs de Saint-Gilles ont été, depuis la réouverture de la chapelle, au commencement du régime impérial :

MM. Moulin,
Sassieu,
Poussier,
Odiène,
Caillet,
Baril,
Ménil,

Auxquels le chroniqueur ne peut rapporter aucun fait qui mérite de fixer l'attention de l'histoire.

Les fonctions de chapelain sont de célébrer la messe tous les jours, d'administrer les sacrements au personnel de la communauté et aux malades qui le requièrent; de présider aux inhumations, de prêcher aux uns la charité, le zèle, l'esprit de concorde; aux autres le courage, la patience, la résignation, ces vertus si nécessaires à ceux qui souffrent et quelquefois leur seul refuge, hélas! A tous la foi chrétienne, cette source féconde de hautes vertus.

Suivant sa capacité, suivant sa manière de comprendre ses devoirs, un chapelain d'hôpital peut produire beaucoup de bien. Ses soins s'adressent généralement à une population mal instruite de ses devoirs; et comment accomplir un bien que l'on ne sait pas? Le plus beau rôle n'est pas d'accaparer chacun des hôtes avec plus ou moins de ténacité, de les amener à l'observance des pratiques extérieures de la religion, ce à quoi condescendent facilement quelques malades par hypocrisie, pour se faire bien voir, par trafic scandaleux; mais au contraire de faire descendre dans ces esprits peu cultivés, qui ont perdu la science chrétienne ou ne l'ont jamais eue, dans ces cœurs gâtés par la misère ou la dépravation, cette doctrine qui éclaire, épure et vivifie par des instructions, souvent de simples conversations journalières, courtes, à leur portée, incisives et portant coup. Chez ceux qui ne sont pas radicalement pervertis, ces instructions réforment les mauvais penchants immédiatement; ou bien il en reste un germe qui plus tard se développe et fructifie. C'est à peu de choses près le rôle admirable du curé de campagne, comme le spectacle nous en est parfois donné, faisant prodigieusement de bien dans des fonctions qui semblent très modestes, et en réalité les premières de toutes; car, grâce à elles, les hommes sont faits meilleurs, rendus de bons citoyens et d'honnêtes gens. Il faudrait confier ces importantes fonctions de chapelain d'hôpital à un homme choisi, éclairé, éprouvé, ayant perdu quelque peu de sa jeunesse, ayant l'appréciation du cœur humain. Beaucoup de prêtres seraient honorés du titre modeste de chapelain en perspective de tout le bien qu'il met en position de faire. Le médecin absorbé par l'étude matérielle des organes malades est forcé de négliger la cure morale. C'est là part du chapelain, et cette part qui devient son domaine est belle; il guérit ou calme les peines de cœur, misères humaines plus cuisantes que les plaies du corps. Personne mieux qu'un aumônier d'Hôtel-Dieu ne peut porter dans l'âme des malades ces consolations et ces encouragements dont ils ont si grand besoin. Le bon prêtre pénétré de ses devoirs, sera zélé sans être ardent; l'exagération du bien est l'ennemi du bien, il fera dans l'ordre moral ce qu'opère le médecin dans l'ordre physique, il sera mieux qu'un consolateur, car il se rendra l'ami, le père de celui qui souffre.

Une décision récente supprime la position de chapelain et la remplace par une combinaison nouvelle. Cette autre condition, à notre grand regret, rend impossible le bien qui doit résulter d'une cohabitation journalière avec les pauvres, et d'une instruction quotidienne de leurs devoirs. Hâtons-nous de reconnaître que le choix de l'ecclésiastique appelé au service religieux de la chapelle Saint-Gilles, est très heureusement fait, et que Monsieur l'abbé Morel est à la hauteur de ses dignes et saintes fonctions, qu'il saura remplir avec l'intelligence et le dévouement si parfaits que tous lui reconnaissent.

FIN

DU MÊME AUTEUR :

CHRONIQUES DIVERSES

SUR BELLÊME, ETC.

www.ingramcontent.com/pod-product-compliance
Lightning Source LLC
Chambersburg PA
CBHW060952050426
42453CB00009B/1163